Regina Bestle-Körfer

Projekte in der Kita
Gefühle

HERDER

FREIBURG · BASEL · WIEN

Inhaltsverzeichnis

Im Interesse der besseren Lesbarkeit und weil Frauen in frühpädagogischen Berufen prozentual stärker vertreten sind als Männer, wird in diesem Buch stets die Leserin angesprochen und auch meist die weibliche Form verwendet, wenn von pädagogischen Fachkräften die Rede ist. Selbstverständlich sind damit aber immer Leser und Leserinnen bzw. männliche und weibliche Fachkräfte gleichermaßen gemeint.

Überarbeitete Neuausgabe 2022

Hermann-Herder-Str. 4, 79104 Freiburg im Breisgau

www.herder.de
Bei Fragen zur Produktsicherheit wenden Sie sich an:
produktsicherheit@herder.de

Coverkonzeption & Layout: Uwe Stohrer, Freiburg
Umschlaggestaltung, Satz und Gestaltung:
Arnold & Domnick, Leipzig

Herstellung: Medienhaus Plump GmbH, Rheinbreitbach
Printed in Germany

ISBN 978-3-451-39373-0

Vorwort

„Jedes Gefühl enthält immer eine Botschaft und macht Sinn. Die Anerkennung aller Gefühlslagen jedes Kindes bedeutet immer die Anerkennung seines Selbstwertes, so wie es ist." (Regina Bestle-Körfer)

Wir müssen Kindern Gefühle nicht beibringen, sie sind in jedem Menschen von Beginn seines Lebens an reichlich vorhanden. Die wichtigste Aufgabe besteht vielmehr darin, Kindern den Ausdruck ihrer Gefühle zu erlauben und ihnen einen positiven Zugang zu ihrer reichen Gefühlswelt zu ermöglichen. Wer lernt, seine Gefühle als hilfreiche Wegweiser zu begreifen, wird auch schwierige Gefühlszustände wie Wut, Angst und Trauer verarbeiten lernen. Das achtsame Wahrnehmen von Gefühlen bereitet den Weg zu mehr Selbstfürsorge, denn aus der Wahrnehmung und Akzeptanz aller Gefühlslagen kann sich ein gutes Selbstgefühl entwickeln. Und: Wer sich selbst spürt, nimmt auch die Gefühle von anderen Menschen besser wahr und kann sein Mitgefühl mit anderen teilen.

Die 32 Projektangebote zum Thema Gefühle beschäftigen sich intensiv mit den vier Basisemotionen Freude, Angst, Wut und Traurigkeit. Auch wenn Kinder möglicherweise zunächst wenig Interesse am Thema Gefühle zeigen, ist jeder Kontakt, jedes Zusammenspiel, jeder Tag von wechselhaften Gefühlslagen, Launen und Stimmungen geprägt. Jedes Kind besitzt in Gefühlsdingen Kompetenz, weil Gefühle zu jedem Menschen dazugehören.

Wie Sie diese Selbstkompetenz der Kinder für ihren eigenen Gefühlsausdruck stärken und fördern können, das können Sie durch abwechslungsreiche Impulse in einem Gefühleprojekt mit den Kindern zusammen entwickeln und erleben. Ich wünsche Ihnen und allen Kindern viel Neugier, Lust auf lebendige Aktionen und spannende Gespräche rund um das Thema: Gefühle.

Regina Bestle-Körfer

Pädagogische Einführung in die Projektarbeit

Projekte in der Kita

Wer die Gegenwart und Zukunft mitbestimmen und mitgestalten möchte, sollte von klein auf die Möglichkeit bekommen, seiner Neugier auf den Grund zu gehen und eigene kreative Ideen möglichst selbsttätig verwirklichen zu können. Zusammen mit anderen Kindern, mit Eltern und pädagogischen Fachkräften – in einem Dialog auf Augenhöhe – können Kinder sich ihre Lebenswelt auf vielfältige Art und Weise erschließen und begreifbar machen. Projektarbeit in der Kita, die sich über einen längeren, selbst gewählten Zeitraum mit einem Thema intensiv beschäftigt, setzt an den Bedürfnissen und Interessen der Kinder an und vermittelt ganzheitliche Lernerfahrungen: Entdeckendes Lernen, Exploration, Öffnung des Sozialraums, Beobachten, Forschen, gemeinsames Reflektieren und Präsentieren bilden die Grundpfeiler einer auf Partizipation, Inklusion, Kooperation und Vielfalt basierenden Projektarbeit. Projektarbeit ist Bildungsarbeit, die den Selbstbildungsprozess des Kindes unterstützt. Die Eigeninitiative jedes Kindes, sein kreatives Potenzial, die Entwicklung von Selbstständigkeit und Verantwortungsbereitschaft sollen durch die Projektarbeit besonders gefördert werden.

Die pädagogische Fachkraft

Im Rahmen der Projektarbeit wird die pädagogische Fachkraft die Eigentätigkeit der Kinder, im Sinne einer Prozessbegleitung, unterstützen. Kinder können so zu Gestaltern und Gestalterinnen ihres eigenen Lern- und Selbstbildungsprozesses werden. Das setzt ein Umdenken in der pädagogischen Haltung voraus. Projektarbeit in der Kita erfordert Mut, die vertrauten pädagogischen Wege für einen bestimmten Zeitraum zu verlassen und dem natürlichen Explorationsverhalten und der Neugier der Kinder mehr Raum zu geben. Die Fragen der Kinder nach dem Wieso, Weshalb, Warum werden von der pädagogischen Fachkraft durch anregungsreiche Projektangebote gefördert und fließen in die Projektgestaltung mit ein. Die wertschätzende Beziehungsarbeit bleibt, neben der gewünschten Unterstützung von Selbstständigkeit, Partizipation und Selbstbildung, auch während der Projektarbeit der wichtigste Grundpfeiler des Bildungserfolgs. Die Ermutigung, die Kinder von der pädagogischen Fachkraft auf diese Weise erfahren, bildet die Basis für die Entwicklung wichtiger Soft Skills wie Konflikt- und Teamfähigkeit, Empathie und emotionaler Impulssteuerung.

Impulsgeber für die Projektpraxis

Die vorliegenden Projektideen zum Thema Gefühle verstehen sich als Impulsgeber für die Praxis. Sie beinhalten vielfältige Ideen zur Projektarbeit in Theorie und Praxis und wollen Ihre eigenen Projektideen aufgreifen, ergänzen und bereichern. Die Beschreibung von Lernzielen, Bildungsbereichen und Angaben zur Gruppengröße soll dazu beitragen, die Vorbereitungszeit für Ihre Projektarbeit im pädagogischen Alltag zu minimieren.

Projektpräsentation und Reflexion

Besonders wichtige Bestandteile der Projektarbeit in der Kita sind die Reflexion und Präsentation, jeweils im Anschluss an eine durchgeführte Aktion oder Projekteinheit. In den Reflexionsphasen sollen die Kinder mit gezielten Fragen angeleitet werden miteinander ins Gespräch zu kommen. Dies stärkt sowohl ihre Sprachkompetenz als auch ihre sozial-emotionalen Kompetenzen, indem sie lernen anderen Kindern zuzuhören und sich selbst mitzuteilen. Eingeübte Frage- und Diskussionsrunden in jungen Jahren sorgen langfristig dafür, dass Kinder eine demokratische Gesprächskultur einüben, die für alle weiteren Bildungsprozesse in Schule und später im Beruf bedeutsam sind. Die abschließende Projektpräsentation (Familienfest, Ausstellung, Theateraufführung usw.), an der jedes Kind partizipieren sollte, schafft eine Öffentlichkeit für erreichte Projektergebnisse und verdeutlicht Ihr Engagement für die Vermittlung von Bildungsinhalten.

Einsatz von Bildmaterial

Auf 32 Illustrationen, die vom bekannten Bilderbuchillustrator Hans-Günther Döring liebevoll gezeichnet wurden, finden Sie Gesprächsanlässe, Sachinfos, Bastelanleitungen oder einen besonderen szenischen Blick auf Themenausschnitte rund um Gefühle. Das farbenfrohe Bildmaterial kann mit den Kindern zusammen betrachtet und als Einstiegs- oder Reflexionsimpuls gezielt zum Einsatz kommen. So schaffen die Illustrationen Sprachanlässe und können zu einer alltagsintegrierten Sprachförderung beim regelmäßigen Betrachten und Erzählen beitragen.

Hintergrundinformationen

Angeborene Basisemotionen

Gefühle sind ein wesentlicher Bestandteil der menschlichen Existenz.
Bereits Neugeborene nehmen Gefühle wahr und lassen sich von einem freundlichen Gesicht beruhigen. Der Verhaltensforscher I. Eibl-Eibesfeldt konnte in den 1970er-Jahren an Studien mit blind und taub geborenen Kindern nachweisen, dass Basisemotionen (Freude, Traurigkeit, Überraschung, Angst-, Wut-, Ekelgefühl) angeboren sind. Sie entstehen unbewusst und gehen mit einem typischen Ausdruck in Mimik und Gestik einher. Säuglinge sind in der Lage, eine Gesichtsmimik auszuführen, die sie noch nicht erlernt haben. Das ermöglichen ihnen die Spiegelneuronen im Gehirn. Wie alle Nervenzellen funktionieren auch Spiegelneuronen nach dem „Gebrauchs- und Verlust-Prinzip": Sie müssen so früh wie möglich durch sehr häufigen und engen Körper- und Blickkontakt mit den engsten Bezugspersonen aktiviert werden. Sie bilden die Grundlage der emotionalen Intelligenz, d. h. für die Fähigkeit zur eigenständigen Gefühlsregulation und für das Mitgefühl mit anderen Menschen.

Das emotionale Gehirn

Gefühle entstehen im Zwischenhirn bzw. Limbischen System (emotionales Gehirn) – den am tiefsten liegenden Schichten des Gehirns. Im Limbischen System werden Gefühle in Körperreaktionen wie weinen, lachen, erröten, zittern, frieren usw. umgewandelt. Sie gehen mit körperlichen Symptomen wie Herzklopfen, Blutdruckabfall oder -anstieg, Appetit oder Appetitlosigkeit, Schlaflosigkeit usw. einher. Gefühle und die damit verbundene Hormonausschüttung prägen so fast jeden Aspekt des Denkens und Handelns.

Körpergefühle

Gefühle sind Übermittler einer Botschaft vom Inneren in die Außenwelt (Emotion vom lat. Wort emovere = herausbewegen). Ein Säugling kann zu Beginn seines Lebens nicht unterscheiden, ob Körpergefühle aus seinem Inneren kommen oder ob es sich um Außenreize handelt. Körpergefühle wie Hunger, Durst, Kälte, Hitze usw. können ihn in Angst und Schrecken versetzen, weil er sie noch nicht allein regulieren kann. Deshalb ist er sowohl zur Befriedigung seiner Grundbedürfnisse als auch zur Beruhigung, wenn Reize ihn überfordern, auf seine Bezugspersonen angewiesen. In den ersten Lebensjahren benötigt ein Kleinkind zur Regulation seiner Körper- und Gefühlsempfindungen liebevolle Unterstützung. Die Beziehungserfahrungen der ersten Lebensjahre bilden daher den Grundstock für sein wachsendes Selbstvertrauen. Jeder Mensch lernt sich selbst, seinen Körper und seine Gefühle über Bindungserfahrungen kennen.

Die Entwicklung der Gefühle

- Bereits wenige Stunden nach der Geburt ist ein Säugling mithilfe seiner Spiegelneuronen in der Lage, bestimmte Gesichtsausdrücke spontan zu imitieren und emotionalen Kontakt aufzubauen.
- Im 2. Monat bemüht sich das Baby aktiv, eine gefühlsmäßige Übereinstimmung mit der Mutter zu erreichen; das Basisgefühl des Urvertrauens („ich werde geliebt und bin liebenswert") beginnt sich in den frühesten Bindungen aufzubauen.
- Mit dem 3. Monat erlebt das Baby seine Selbstwirksamkeit, indem es durch eigene Gefühlsäußerungen wie Lachen und Weinen eine Verhaltensänderung seiner Bezugspersonen erreicht.
- Sein Lachen und Weinen sind zunächst noch eng an seine inneren Empfindungen von Lust und Unlust sowie Ruhe und Unruhe gebunden; durch Nachahmung entwickeln Säuglinge aus ihren Empfindungen die Basisemotionen Freude, Angst, Interesse, Überraschung, Zorn und Traurigkeit.
- Mit dem 4. Monat drückt der Säugling Freude durch Lachen und Angst durch Weinen aus.
- Ab dem 6. Monat lässt sich das Baby von Gefühlen anderer anstecken und imitiert Lachen und Weinen.
- Zwischen dem 4. und 9. Monat entwickeln sich Neugiergefühle und das Kleinkind erforscht aktiv seine Umwelt durch Lutschen, Greifen, Fühlen, Tasten.

- Ab dem 8. Monat durchlebt das Kleinkind die „Fremdelphase“, auch Trennungsangst oder Achtmonatsangst genannt. Sie gilt als Ausdruck eines gelingenden Entwicklungsprozesses seiner Identitäts- und Gefühlsentwicklung.
- Mit ca. 9 Monaten entwickelt sich die sogenannte „Objekt- und Personenpermanenz“. Das Kleinkind hat verinnerlicht, dass eine Person oder ein Gegenstand, die/der aus seinem Sichtfeld kurz verschwindet, noch existiert. Durch aktive Suchbewegungen lernt es seine Angstgefühle vor Verlust zu bewältigen und macht Selbstwirksamkeitserfahrungen.

- Die häufige Nutzung seiner Spiegelneuronen befähigt das Kleinkind ab ca. 12–14 Monaten Handlungsabsichten anderer zu verstehen und vorauszusehen. Daraus entwickelt sich seine Intuition, die dazu dient, menschliches Verhalten einschätzen zu können.
- Zwischen dem 12. und 18. Monat lernt ein Kleinkind die Unterscheidung zwischen sich selbst und anderen. Es beginnt sein Spiegelbild im Spiegel zu erkennen.
- Mit ca. 2 Jahren beginnen Kinder ihre Gefühle zu benennen: „Paul traurig, Paul weint.“
- Gegen Ende des 2. Lebensjahres durchleben Kinder die Trotzphase, in der sie von extremen Wutgefühlen beherrscht werden, die ihre Identitätsentwicklung ein großes Stück vorantreiben.
- Zwischen dem 2. und 3. Lebensjahr entwickelt sich die Empathiefähigkeit. Das Kind erkennt, dass es verschiedene

Meinungen und Standpunkte gibt, und kann sich in andere hineinversetzen.

- Ab dem 3. Lebensjahr beginnt ein Kind über die Gründe seiner Gefühle zu sprechen. Die eigene Gefühlsentwicklung befähigt den Menschen lebenslang zu sozialer Kommunikation und Interaktion.

Gefühle ausdrücken

Kinder haben noch einen direkten Zugang zu ihren Gefühlen und zeigen diese unmittelbar. Erst im Verlauf der Entwicklung lernen Kinder durch Beziehung und Erziehung den gesellschaftlich „erwünschten" Umgang mit Gefühlen. Sie lernen, welche Ausdrucksformen und Verhaltensweisen im Umgang mit starken Gefühlen wie Angst, Wut, Trauer, Scham akzeptiert sind. Die Fähigkeit zur selbstständigen Impulskontrolle stellt eine lebenslange Herausforderung dar: Sie wird bereits in der frühen Kindheit erlernt. Wer seine Wut angemessen äußert und sozialverträgliche Lösungen für Wutgefühle findet, wird es im Leben leichter haben. Dass dabei jedes Gefühl seine Berechtigung hat und ausgedrückt werden darf, können Kinder im Gefühleprojekt lernen. Das Sprechen, die gemeinsame Reflexion über die vier Basisemotionen (Freude, Angst, Wut und Trauer) ermöglicht Kindern die eigene Gefühlswelt kennenzulernen und diese sowie sich selbst anzunehmen. Dies kann durch die kleinen Geschichten und Spielszenen im Projektverlauf angeregt werden. Auch die Akzeptanz für den Gefühlsausdruck anderer wird sich in der gemeinsamen Projektarbeit zum Thema Gefühle verändern, weil die Förderung der Selbstwahrnehmung immer auch die Empathiefähigkeit und die Fremdwahrnehmung verbessert.

Ablauf des Gefühleprojekts

Aufbau und Inhalte

Vier Einführungsideen und vier Ideen zum Projektabschluss bilden die Klammer für die vier Projekt-Kapitel: "Freude", "Angst", "Wut" und "Traurigkeit". Hier finden Sie Anregungen zur Beschäftigung mit den vier Basisemotionen.

Jedes Kapitel umfasst sechs Projektkategorien, die in jedes Unterthema einführen und es vertiefen:

- Alle Kapitel starten mit einem **Einstiegsimpuls**, in dem die Kinder spielerisch an das Projektthema herangeführt werden.
- Im **Rollenspiel** greifen die Kinder wichtige Themen ihrer Entwicklung auf. Sie spielen unmittelbar ihr inneres Erleben, schlüpfen in verschiedene Rollen und bearbeiten ihre Gefühle eigentätig.
- Die Öffnung der Kita nach außen in der Projektkategorie **Umwelt entdecken** hat immer gesellschaftliche Relevanz. Ob bei einem Besuch im Altenheim, einer Ausstellung oder einem Spaziergang in der Natur: Hier machen Kinder ganzheitliche Erfahrungen.
- Im **Kreativen Gestalten** drücken Kinder ihre Fantasien, Gefühle und Wünsche aus und erleben sich als selbstwirksam und kompetent.
- **Mit allen Sinnen** sollten Kinder lernen und Informationen verarbeiten, diese nachhaltig im Gehirn abgespeichert werden können.
- Die Kategorie **Präsentation** ermöglicht den Kindern, Ergebnisse ihres Gefühleprojekts, z.B. in einem Gefühle-Farben-Fest in der Kita, zu präsentieren.

Eltern einbeziehen (Elternbrief)

Liebe Eltern!

Gefühle bestimmen unseren Alltag. Wie wir mit ihnen umgehen, beeinflusst unsere Kommunikation und unsere Beziehungen. Jedes Gefühl enthält eine Botschaft und macht Sinn. Wir wollen in einem Gefühleprojekt zusammen mit Ihren Kindern über einen Zeitraum von … Wochen den vier Basisemotionen: Freude, Angst, Wut und Traurigkeit näher auf den Grund gehen.

Wir müssen Kindern Gefühle nicht beibringen, sie sind in jedem Menschen von Beginn seines Lebens reichlich vorhanden. Die wichtigste Aufgabe wird deshalb sein, Kindern den Ausdruck ihrer Gefühle zu erlauben und ihnen einen positiven Zugang zu ihrer reichen Gefühlswelt zu ermöglichen. Wir wollen uns Freude, Angst, Wut und traurige Gefühle genauer anschauen und miteinander sowie voneinander lernen. Wir werden zusammen Geschichten lesen, Rollenspiele spielen, uns kreativ und mit allen Sinnen mit Gefühlen befassen und Gefühle von anderen Menschen in der Umwelt entdecken.

Wir werden unsere Erfahrungen und Erlebnisse zusammen mit den Kindern regelmäßig besprechen und reflektieren und würden uns wünschen, dass die Kinder auch zu Hause ihre Erfahrungen aus dem Gefühleprojekt mitteilen. Wir halten es für sehr wichtig, dass Kinder lernen sich auszudrücken und über Gefühle zu sprechen, ohne belehrt zu werden. Es gibt keine richtigen und falschen Gefühle. Hinter jedem Gefühl steckt ein Bedürfnis, das sich zeigen möchte.

Zum Abschluss unseres Gefühleprojekts laden wir Sie zu einem Familienfest in die Kita ein. Lassen Sie sich von den Projektergebnissen, die ihre Kinder präsentieren, überraschen!

Es grüßt Sie herzlich
Ihr Kita-Team

Das Gefühleprojekt

1. Einführung

Gefühle-Würfel

Lernziel: Kennenlernen der Basisemotionen: Freude, Angst, Wut, Traurigkeit

Bildungsbereiche: Sozial-emotionale Entwicklung – Körperwahrnehmung und Sprache

Gruppengröße: Klein- und Großgruppe

Aktion: Bekleben Sie einen Holzwürfel mit Smileys (2x Freude, 1x Angst, 1x Traurigkeit, 2x Wut):

- In der Kreismitte wird gewürfelt: den gewürfelten Gefühlsausdruck auf eigene Weise darstellen.
- Ein Kind (Detektiv) geht vor die Tür. Ein anderes Kind würfelt, alle stellen den gewürfelten Gefühlsausdruck dar. Der Detektiv wird hereingerufen und errät das Gefühl.
- In der Kreismitte liegen Gefühle-Fotos. Die Kinder würfeln und suchen ein passendes Foto aus.

Reflexion: Setzen Sie den Würfel für Gesprächsanlässe ein. Was hat euch traurig, wütend, froh, ängstlich gemacht?

Ausblick und Planung: Die Kinder entwickeln in Kleingruppen eigene Spielideen mit dem Gefühle-Würfel und stellen sie anschließend vor.

1. Einführung

Gefühle-Uhr

Lernziel: Kennenlernen der vier Basisemotionen, Verbesserung der Selbst- und Fremdwahrnehmung

Bildungsbereiche: Körperwahrnehmung und Gefühle – sozial emotionale Entwicklung – Kreativität

Gruppengröße: Kleingruppe

Aktion: Basteln Sie mit den Kindern eine Gefühle-Uhr aus runder Pappe. Auf vier gleich große Felder malen die Kinder Gesichter mit den Basisemotionen Freude, Angst, Wut, Traurigkeit. Mittig ein Loch stechen und mit einer Verschlussklammer einen Pappe-Pfeil anbringen. Die Kinder drehen den Zeiger der Gefühle-Uhr und stellen das Gefühl mimisch dar.

Reflexion: Welche Gefühle sind leicht, welche schwer darstellbar? Was machen Arme, Beine, Augen usw. beim Gefühlsausdruck?

Ausblick und Planung: Fotografieren Sie die Kinder mit einem fröhlichen, wütenden, ängstlichen und traurigen Gesicht. Im Alltag können die Kinder mit ihrer eigenen, selbst gebastelten Gefühle-Uhr zeigen, wie sie sich gerade fühlen.

1. Einführung

Gefühle-Zug

Lernziel: Kennenlernen der Basisemotionen: Freude, Angst, Wut, Traurigkeit

Bildungsbereiche: Körperwahrnehmung und Gefühle – Selbst- und Fremdwahrnehmung

Gruppengröße: Klein- und Großgruppe

Aktion: Die Kinder spielen eine Zugfahrt auf Stühlen. Zuvor basteln sie vier Schaffnerkellen mit je einem Basisgefühl. Der Schaffner ruft: „Bitte einsteigen!“, und hebt eine zuvor ausgewählte Kelle in die Höhe. Mit diesem dargestellten Gefühl steigen alle in den Zug. Am nächsten Bahnhof spielt ein anderes Kind den Schaffner.

Reflexion: Welches Gefühl ist im Körper spürbar und wo? Wie verändern sich Stimme und Körperhaltung bei jedem Gefühl?

Ausblick und Planung: Die Kinder überlegen neue Szenen, die sie in verschiedenen Rollen mit den vier Basisemotionen darstellen: z.B. Einkaufen beim Bäcker, eine Geburtstagsfeier, Auto tanken usw.

1. Einführung

Geschichte vom Zauberpferd*

Lernziel: Gefühle in Geschichten nachempfinden, mitfühlen

Bildungsbereiche: Sprache und Literacy – sozial-emotionale Entwicklung – Feste und Feiern

Gruppengröße: Kleingruppe

Aktion: Lesen Sie den Kindern die Geschichte vor. Die Kinder spielen die Geschichte mit verteilten Rollen und Requisiten (Steckenpferd mit Mähne, Stirnband mit weißen und roten Federn, evtl. Schminke).

Reflexion: Was hat Paul in der Geschichte froh gemacht? Wie fühlt sich Freude in seinem Körper an? Warum weint der Indianerjunge? Wann kann er wieder lachen? Wie fühlt es sich an, allein zu sein, etwas geschenkt zu bekommen, zu helfen, einen Freund zu finden usw.? Wie fühlt es sich an, zu Hause zu sein?

Ausblick und Planung: Die Geschichte vom Zauberpferd als Theaterstück einüben und an einem Gefühle-Fest vor Eltern, Großeltern und Geschwistern aufführen.

* (Geschichte vom Zauberpferd siehe S. 76)

Hurra!

2. Freude

Spiellied: Wenn du fröhlich bist*

Lernziel: Wie fühlt sich Freude in meinem Körper an?

Bildungsbereiche: Musik und Bewegung – Körperwahrnehmung und Gesundheit

Gruppengröße: Großgruppe

Aktion: Singen Sie zusammen das Lied. Erarbeiten Sie mit den Kindern die zu jeder Strophe passende Körperbewegung und führen sie durch.

Reflexion: Im Anschluss können Sie mit den Kindern über ihre Gefühle beim Singen und über Körpergefühle im Allgemeinen sprechen: Welche Bewegung macht mir besonders großen Spaß? Wie fühlt sich Freude im Körper an? Wo kann ich sie spüren? Woran erkenne ich Freude bei anderen Menschen? Wie viel Spaß macht es, zusammen zu singen und zu tanzen? Sind Freude und Lachen ansteckend?

Ausblick und Planung: Die Kinder planen und erleben spannende Bewegungsabenteuer: im Turnraum, im Außengelände, beim Besuch eines Abenteuerspielplatzes, Jahrmarkts, Kletterparks usw.

* (Spiellied siehe S. 77)

2. Freude

Helfergeschichten

Lernziel: Helfen und Schenken machen Freude

Bildungsbereiche: Sprache – Werte – sozial-emotionale Entwicklung – Selbst- und Fremdwahrnehmung

Gruppengröße: Kleingruppe

Aktion: Die Kinder entdecken auf der Kartenvorderseite Kinder, die Hilfe brauchen (ein Kind hat sich wehgetan, steht ganz allein da, hat sich den Arm gebrochen, bekommt keinen Apfel mehr).

Reflexion: Wie fühlt es sich an, traurig, hilflos, einsam zu sein? Wie fühlt es sich an zu helfen, zu teilen, zu trösten, etwas geschenkt zu bekommen, einen Freund zu haben? Im Anschluss an die Reflexion spielen die Kinder Helfergeschichten als soziales Rollenspiel.

Ausblick und Planung: Die Kinder überlegen, wem sie eine Freude machen können, z. B. Patenschaft für ein Kind mit Beeinträchtigung, Jüngeren beim An- und Ausziehen der Schuhe helfen, an einer Pakete-Aktion für bedürftige Kinder teilnehmen, oder planen eine Wichtelaktion.

2. Freude

Ein Besuch im Seniorenheim

Lernziel: Älteren Menschen Freude schenken

Bildungsbereiche: Gesellschaft und Kultur – Werte

Gruppengröße: Klein- und Großgruppe

Aktion: Bildbetrachtung: Ein alter Mann sitzt allein auf einer Bank; eine alte Frau geht mit dem Rollator gebückt durch die Stadt; ein alter Mann wird im Rollstuhl geschoben; eine alte Frau schaut aus dem Fenster ihrer Wohnung.

Reflexion: Wann ist ein Mensch alt und braucht Hilfe? Wie fühlt es sich an, hilflos und körperlich gebrechlich zu sein? Was kann gegen Einsamkeit helfen? Worüber freuen sich alte Menschen?

Ausblick und Planung: Die Kinder überlegen, wie sie alten, einsamen Menschen Freude schenken können: Sie planen einen Besuch im Seniorenheim, singen mit ihnen Lieder, spielen ein lustiges Theaterstück, verschenken gebastelte Sonnen.

2. Freude

Schatzkiste basteln

Lernziel: Was ist für mich wertvoll? Was macht mir Freude?

Bildungsbereiche: Kreativität – Feinmotorik und Geschicklichkeit – sozial-emotionale Entwicklung – Sprache

Gruppengröße: Klein- und Großgruppe

Aktion: Die Kinder basteln eine Schatzkiste, indem sie einen kleinen Karton von außen und innen mit Gold- und Silberpapier oder bunten Schnipseln bekleben bzw. anmalen.

Reflexion: Überlegen Sie mit den Kindern, was ihnen Freude macht: das liebste Kuscheltier, ein Lieblingsbuch, eine Zaubermuschel? Am nächsten Tag dürfen die Kinder etwas Wertvolles mit in die Kita bringen, es in ihrer Schatzkiste aufbewahren und mit den anderen Kindern über ihre Schätze sprechen.

Ausblick und Planung: Planen Sie einen „Schätze-Spaziergang" in den Wald, an einen Bach usw. In der Natur wird die Neugier der Kinder für kleine Besonderheiten (Schneckenhäuser, Stöcke, Kleeblätter usw.) geweckt und das Suchen, Finden und Sammeln bereitet ihnen große Freude.

2. Freude

Abenteuer-Mut-Parcours

Lernziel: Spaß bei körperlichen Herausforderungen, Selbstbewusstsein stärken

Bildungsbereiche: Körperwahrnehmung – Bewegung und Gesundheit – sozial-emotionale Entwicklung

Gruppengröße: Klein- und Großgruppe

Aktion: Bauen Sie einen Parcours, an dem die Kinder ihre Geschicklichkeit üben, indem sie z. B. über eine Bank oder einen Baumstamm balancieren, durch einen Tunnel krabbeln, einen Eierlauf über eine weiche Matratze machen, um Hindernisse sackhüpfen, einen Nagel ins Holz schlagen.

Reflexion: Welche Übungen fallen mir leicht, welche schwer? Was kann ich tun, um mich sicher zu fühlen? Für welche Übung brauche ich Mut? Empfinde ich Freude, wenn ich etwas allein geschafft habe? Wie fühlt sich Mut im Körper an?

Ausblick und Planung: Die Kinder nehmen am Parcoursaufbau teil und entscheiden, wie lange sie ihre Geschicklichkeit an den Stationen einüben. Ein Mut-Portfolio mit Fotos von jedem Kind zeigt: Das kann ich schon! Das macht mir Spaß!

2. Freude

Gefühle-Farben-Fest*

Lernziel: Gefühle ausdrücken, Glück empfinden

Bildungsbereiche: Kreativität – Feinmotorik und Geschicklichkeit – Feste und Feiern

Gruppengröße: Kleingruppe

Aktion: Planen Sie mit den Kindern einen Raum der Freude: Welche Farbe hat Freude? Sonnengelb? Kunterbunt? Rosarot?

- Die Kinder basteln und malen Symbole der Freude: Riesensonne, Regenbogen, Glücksschweinchen, Glücksklee usw.
- Fotos von lachenden Kindern auf Freude-Symbole kleben und im Gruppenraum ausstellen.

Reflexion: Philosophieren Sie im Raum der Freude über das Glück und sprechen Sie über passende Sprichwörter, z. B.: „Das Glück ist das Einzige, was sich verdoppelt, wenn man es teilt" (Albert Schweitzer), „Das Glück tritt gerne in ein Haus, in dem gute Laune ist" (japanisches Sprichwort).

Ausblick und Planung: An einem Gefühle-Farben-Fest wird der Raum der Freude präsentiert, indem die Kinder eine Nachbargruppe und Geschwister oder ihre Familien durch ihren Raum führen.

* (Gefühle-Farben-Fest siehe auch S. 43, S. 55 u. S. 67)

3. Angst

Geschichte vom ängstlichen Küken

Lernziel: Gefühle in Geschichten nachempfinden, mitfühlen, über Ängste sprechen

Bildungsbereiche: Sprache und Literacy – sozial-emotionale Entwicklung – Körpergefühl

Gruppengröße: Kleingruppe

Aktion: Es ist Abend. Alle Hühner schlafen bereits im Hühnerstall, nur das kleine Küken nicht. Neugierig schlüpft es durch ein Loch im Tor. Alles ist still und finster. Da, ein Rascheln! „Hilfe, ein Gespenst!", piept das Küken erschrocken. Plötzlich wird es am Himmel sehr hell und es donnert. Vor Schreck stolpert das Küken. Es hat solche Angst und zittert von Kopf bis Fuß. Sein Herz klopft bis zum Hals. Da kommt die Glucke angelaufen und führt es zum Stall zurück. Schnell schlüpft es unter ihr Gefieder und schläft erschöpft ein.

Reflexion: Wovor hat das Küken Angst und wo spürt es seine Angst? Besprechen Sie mit den Kindern, dass Angst normal und ein wichtiger innerer Ratgeber ist.

Ausblick und Planung: Die Kinder spielen im abgedunkelten Raum Taschenlampenspiele und bewältigen ihre Angst vor Dunkelheit.

3. Angst

Blindenführer

Lernziel: Vertrauen aufbauen, Angst abbauen, sich sicher fühlen, mitfühlen

Bildungsbereiche: Sinneswahrnehmung und Körpergefühl – sozial-emotionale Entwicklung – Sprache

Gruppengröße: Klein- und Großgruppe

Aktion: Bauen Sie mit den Kindern einen Sinnesparcours auf: Gleichgewichts-, Tast-, Riech-, Hör- und Geschmacksstation. Die Kinder führen sich gegenseitig mit verbundenen Augen durch die einzelnen Stationen und übernehmen abwechselnd die Rolle des „Blinden" und des „Blindenführers".

Reflexion: Was war leichter: führen oder geführt werden? An welcher Station fühlte ich mich ängstlich? Was hilft mir, wenn ich Angst habe? Die Kinder erfahren, dass sie immer Hilfe bei anderen Menschen suchen und finden können.

Ausblick und Planung: Das Spiel „Blindenführer" nach draußen verlegen und häufiger wiederholen. Planen Sie den Besuch eines Blindenhunds, damit die Kinder lernen, sich in hilfebedürftige Menschen hineinzuversetzen.

3. Angst

Nachtwanderung

Lernziel: Sich aktiv mit der Angst vor Dunkelheit auseinandersetzen

Bildungsbereiche: Sinneswahrnehmung und Körpergefühl – Natur- und Sachwissen – Sprache

Gruppengröße: Klein- und Großgruppe

Aktion: Planen Sie eine Nachtwanderung auf Wald- und Feldwegen. Um die Angst zu vertreiben, bekommt jedes Kind eine Taschenlampe und ein Partnerkind. Alle zusammen singen lustige Lieder und spielen: „Ein Hut, ein Stock, ein Damenunterrock/Regenschirm". Die Nachtwanderung wird mit einem Lagerfeuer beendet, evtl. eine gemeinsame Übernachtung in der Kita anschließen und eine Gespenstergeschichte vorlesen.

Reflexion: Welche Geräusche waren zu hören: Rascheln im Gebüsch, Wind in den Bäumen? Wie riecht es nachts? Die Kinder erfahren, dass der Sehsinn nachts eingeschränkt ist und wir intensiver hören und riechen.

Ausblick und Planung: Eine Nachtwanderung unter Leitung eines Naturführers vermittelt interessantes Wissen zum Nachtleben von Tieren und Pflanzen in der Natur. Besonders geeignet für Vorschulkinder.

3. Angst

Angstfresserchen basteln

Lernziel: Ängste aussprechen und ihnen aktiv begegnen

Bildungsbereiche: Kreativität – Feinmotorik und Geschicklichkeit – sozial-emotionale Entwicklung

Gruppengröße: Kleingruppe

Aktion: Basteln Sie mit den Kindern ein „Angstfresserchen". Dazu bekleben die Kinder eine Papprolle mit Filz und malen Augen, Nase, Mund auf. Außerdem bekommt es noch große Ohren und Zähne aus Filz. Dann wird es mit Angstworten „gefüttert": Einfach in eine Öffnung des Angstfresserchens hineinsprechen! Am besten mehrmals hintereinander, damit es wirklich satt wird, bis die Kinder sich besser fühlen.

Reflexion: Mit welchen Angstworten möchte ich mein Angstfresserchen füttern? Wie fühlt sich das an? Was gefällt mir an meinem Angstfresserchen?

Ausblick und Planung: Zusammen mit den Kindern Sprüche gegen die Angst für das Angstfresserchen ausdenken: „Ein Monster unterm Bett, ein Gespenst im Haus … oh Schreck, Angst geh weg!"

3. Angst

Zirkusspiel

Lernziel: Selbstvertrauen stärken, Angst in Mut verwandeln

Bildungsbereiche: Körperwahrnehmung – Bewegung und Gesundheit – sozial-emotionale Entwicklung

Gruppengröße: Großgruppe

Aktion:
- **Dompteur:** „Löwenkinder" krabbeln unter Stühlen hindurch
- **Seiltänzer:** mit Schirm über eine umgedrehte Bank balancieren
- **Jongleur:** Chiffontücher in die Luft werfen und auffangen
- **Akrobat:** Auf einem Trampolin springen und Bälle fangen
- **Clown:** Clown spielen und Quatsch machen usw.

Reflexion: Wie kann aus Angst Mut werden? Wovor habe ich Angst? Was macht mir keine Angst? Was traue ich mich ganz allein? Wie fühlt es sich an, Angst zu überwinden?

Ausblick und Planung: Eine Zirkusaufführung planen. Kostüme und Eintrittskarten basteln, eine Manege bauen.

3. Angst

Gefühle-Farben-Fest*

Lernziel: Gefühle ausdrücken, Angstgefühle überwinden

Bildungsbereiche: Kreativität – Feinmotorik und Geschicklichkeit – Feste und Feiern

Gruppengröße: Großgruppe

Aktion: Planen Sie mit den Kindern einen Gruselraum: Welche Farbe hat Angst? Nachtschwarz?

- Die Kinder basteln weiße Gruselgespenster und heften sie an aufgehängte schwarze Laken.
- Begehen Sie den abgedunkelten Raum gemeinsam: zuerst leise, dann ein lustiges Lied singen

Reflexion: Sprechen Sie mit den Kindern über ihre Ängste im Gruselraum. Was hilft mir, wenn ich Angst habe? Wie verändert sich meine Angst, wenn ich öfter durch den Gruselraum gehe oder wenn ich singe?

Ausblick und Planung: Am Gefühle-Farben-Fest führen die Kinder eine Nachbargruppe oder ihre Familien mit einer selbst gebastelten Gespensterlaterne durch den Gruselraum.

* (Gefühle-Farben-Fest siehe auch S. 31, S. 55 u. S. 67)

4. Wut

Geschichte vom Wutbären

Lernziel: Wutgefühle im Körper wahrnehmen und in Bewegung bringen

Bildungsbereiche: Sprache – seelische Gesundheitsprävention – Körperwahrnehmung und Bewegung

Gruppengröße: Kleingruppe

Aktion: Der Wutbär hat eine Stinkwut. Er stampft auf. Sechs Mal. In seinem Kopf brummt die Wut. Er ruft: „Nein, ich will das nicht!" Sechs Mal. Mit seinen Tatzen boxt er in die Luft. Sechs Mal. Der Wutbär springt auf der Stelle. Sechs Mal. Er schließt die Augen …, nimmt einen tiefen Atemzug …, da fühlt er sich viel besser. Seine Wut hat sich in Luft aufgelöst. Jetzt kann er wieder mit seinen Bärenfreunden spielen.

Reflexion: Überlegen Sie mit den Kindern, warum der Bär wütend ist, und animieren sie sich zur Geschichte zu bewegen. Wann seid ihr wütend und wo ist Wut spürbar? Wird Wut durch Bewegung weniger?

Ausblick und Planung: Wer Wut verspürt, bringt sich vor selbst gestalteten und aufgehängten Bärenplakaten in Bewegung: hüpfen, stampfen, boxen! Augenschließen und Atmen nicht vergessen!

4. Wut

Experiment: „So ein Ärger"

Lernziel: Perspektivwechsel erleben, Konflikte bewältigen

Bildungsbereiche: Sozial-emotionale Entwicklung – Selbst- und Fremdwahrnehmung – Sprache

Gruppengröße: Kleingruppe

Aktion: Das Ärger-Experiment vor der Durchführung den Kindern zeigen und erklären: In der Kreismitte liegen Bauklötze. Ein Kind baut einen Turm und ein anderes Kind darf den Turm ausnahmsweise umstoßen. Welches spontane Gefühl kommt auf? „Das möchte ich nicht! Das macht mich traurig/wütend!" Die Rollen sofort tauschen.

Reflexion: Nachdem alle am Experiment teilgenommen haben, besprechen Sie es gemeinsam: Wie fühlt es sich an, andere zu ärgern, geärgert zu werden? Warum macht es manchmal Spaß, etwas kaputt zu machen?

Ausblick und Planung: Wiederholen Sie das Experiment mit anderen Ärger-Situationen, die sich die Kinder ausdenken, z. B. Spielzeug wegnehmen, eine Fratze schneiden. Wichtig: Sorgen Sie dafür, dass immer ein Rollenwechsel und ein anschließendes Gespräch stattfinden!

4. Wut

Monstergesichter im Wald

Lernziel: Eigene Wutgefühle auf eine Fantasiegestalt übertragen

Bildungsbereiche: Sozial-emotionale Entwicklung – Kreativität und Fantasie – Sprache

Gruppengröße: Klein- und Großgruppe

Aktion: Während eines Spaziergangs durch den Wald sammeln die Kinder Naturmaterial (Zweige, Moos, Blätter, Zapfen, Rindenstücke, Gras, Steine). Anschließend gestalten sie daraus in kleinen Gruppen ein wütendes Monstergesicht auf dem Waldboden, Baumstümpfen usw. Jede Gruppe gibt seinem Monster einen Namen und denkt sich eine Monstergeschichte aus. Die Monstergesichter evtl. fotografieren.

Reflexion: Betrachten Sie alle Monstergesichter gemeinsam. Welches Monster sieht besonders wütend aus? Warum ist das Monster wütend? Was hat es erlebt? Wie lässt sich das Monster beruhigen?

Ausblick und Planung: Bieten Sie wütenden Kindern die kreative Gestaltung eines Monsterbuches an, in das sie ihre Wutgefühle hineinprojizieren können, um sich selbst zu beruhigen.

4. Wut

Mein Wutausbruch

Lernziel: Innere Bilder für Wutgefühle finden und ausdrücken

Bildungsbereiche: Kreativität und Fantasie – seelische Gesundheitsprävention – Feinmotorik

Gruppengröße: Kleingruppe

Aktion: Legen Sie ein Foto von einem Vulkanausbruch in die Kreismitte. Die Kinder gehen um das Foto herum, und sobald ein Signal (Glocke oder Trommelschlag) ertönt, stellen die Kinder einen Vulkanausbruch pantomimisch dar. Als Nächstes folgen Fotos von einem Wirbelsturm, Gewitter, einer Sturmflut, Lawine, Sternenexplosion usw. Die Kinder lassen ihrem Körper und ihrer Fantasie in der Bewegung freien Lauf.

Reflexion: Sprechen Sie mit den Kindern über Wutgefühle und -ausbrüche. Jedes Kind sucht sich ein Foto aus, das zu der eigenen Wut passt: „Meine Wut fühlt sich manchmal wie ein Vulkanausbruch an."

Ausblick und Planung: Die Kinder malen ihren Wutausbruch als Vulkan, Wirbelsturm usw. auf ein großes Papier.

4. Wut

Raus mit der Wut – Wutspiele

Lernziel: Wut in Bewegung bringen, Regeln einhalten, Konflikte bewältigen

Bildungsbereiche: Seelische Gesundheitsprävention– Körperwahrnehmung und Bewegung

Gruppengröße: Kleingruppe

Aktion: Bieten Sie den Kindern Spiele an, in denen sie ihre Körpersinne trainieren und lernen, ihre Kräfte unter Einhaltung von Regeln zu messen:

- Wutballon: Zwei Kinder kämpfen mit Luftballons gegeneinander (nur gegen den Ballon zielen!).
- Statue werfen: Ein Kind dreht nacheinander alle Kinder an der Hand im Kreis, lässt dann los, die Kinder erstarren. Es wählt die wütendste Statue aus!
- Armdrücken, Kissenschlacht usw.

Reflexion: Wie fühlt es sich an, die Kraft und Energie eines anderen zu spüren? Werde ich wütend, wenn andere stärker sind? Wozu sind Regeln bei Wutspielen gut?

Ausblick und Planung: Sprechen Sie mit den Kindern über Lösungsstrategien bei Streit: z. B. Stoppschilder einsetzen.

4. Wut

Gefühle-Farben-Fest*

Lernziel: Gefühle ausdrücken, Wutgefühle in Bewegung abbauen

Bildungsbereiche: Körperwahrnehmung und Bewegung – Feste und Feiern

Gruppengröße: Großgruppe

Aktion: Planen Sie mit den Kindern einen Wutraum: Welche Farbe hat Wut? Knallorange, Feuerrot

- Die Kinder malen Explosionsbilder in knalligen Farben.
- Stellen Sie einen Kinderboxsack und Dosen zum Ballabwerfen im Wutraum auf.
- Die Kinder spielen auf Trommeln ein Wutkonzert und führen einen Rumpelstilzchen-Wut-Tanz auf.

Reflexion: Sprechen Sie mit den Kindern über die Wirkung des Boxens, Trommelns, Tanzens: Geht es mir nach der Bewegung besser?

Ausblick und Planung: Das Trommel-Wut-Konzert und den Rumpelstilzchen-Wut-Tanz am Gefühle-Farben-Fest aufführen und mit Fotoapparat oder Videokamera dokumentieren.

* (Gefühle-Farben-Fest siehe auch S. 31, S. 43 u. S. 67)

5. Traurigkeit

*Lied von Iggi Igel**

Lernziel: Traurige Gefühle erkennen und mitteilen

Bildungsbereiche: Musik und Bewegung – Körperwahrnehmung und seelische Gesundheit

Gruppengröße: Klein- und Großgruppe

Aktion: Ein Kind spielt den traurigen Igel Iggi und wandert, während alle im Stuhlkreis das Lied singen, mit traurigem Gesichtsausdruck im Kreis herum. Es geht zum Kastanienkind, Kaktuskind usw., verabschiedet sich wieder, bis es die Igelin findet. Sie tanzen und lachen zusammen in der Kreismitte.

Reflexion: Wie fühlt sich Traurigkeit an? Woran erkenne ich Traurigkeit: an nach vorn hängenden Schultern, an einer leisen Stimme, an Tränen in den Augen, an hängenden Mundwinkeln? Was hilft dagegen? Jemand, der mich versteht und mit mir zusammen tanzt?

Ausblick und Planung: Für das Spiellied mit den Kindern Iggi-Igel-Lied-Karten basteln: Igel, Igelin, Kastanie, Kaktus, Distel, Tanne, Stachelbeere, Nadelkissen, Igelkopf.

* (Lied von Iggi Igel siehe S. 78)

5. Traurigkeit

Geschichte vom traurigen Drachen

Lernziel: Gefühle in Geschichten nachempfinden, Mitgefühl entwickeln

Bildungsbereiche: Sprache und Literacy – sozial-emotionale Entwicklung – Körpergefühl

Gruppengröße: Kleingruppe

Aktion: Drache Feuerrot ist traurig. Er kann kein Feuer mehr spucken. Und weil er sich schämt, kommt er nicht mehr aus seiner Drachenhöhle heraus. An einem sonnigen Morgen krabbelt das neugierige Drachenmädchen Sunny zu ihm in die Höhle. Sie malt eine große Sonne mit vielen Sonnenstrahlen auf seinen Rücken. Das fühlt sich so kribbelig an, dass der Drache Feuerrot kichern muss. Sein Kichern wird lauter …, er hustet …, öffnet sein Drachenmaul und spuckt … ein riesiges Drachenfeuer. Da ist er wieder glücklich!

Reflexion: Warum ist der Drache traurig? Warum schämt er sich? Warum tun Kribbelspiele gut?

Ausblick und Planung: Bauen Sie eine Deckenhöhle. Immer zwei Kinder spielen als Drache Feuerrot und Drachenmädchen Sunny die Geschichte nach.

5. Traurigkeit

Besuch im Streichelzoo

Lernziel: Erleben, wie Nähe zu Tieren beruhigen und trösten kann

Bildungsbereiche: Sinneswahrnehmung und Körpergefühl – seelische Gesundheitsprävention

Gruppengröße: Klein- und Großgruppe

Aktion: Besuchen Sie einen Zoo, einen Erlebnisbauernhof o. Ä., der den Kindern die Möglichkeit bietet, Tiere zu streicheln und zu füttern. Bei Berührung nehmen Kinder die Lebendigkeit eines Tieres mit allen Sinnen wahr, spüren seine Körperwärme, sein weiches Fell usw.

Reflexion: Befragen Sie die Kinder zu ihren Erlebnissen: Zu welchem Tier habe ich mich besonders hingezogen gefühlt? Wie hat das Tier reagiert? War es neugierig, ruhig, wild, zappelig?

Ausblick und Planung: Für traurige und ängstliche Kinder sind tiergestützte Therapien, wie z. B. therapeutisches Reiten oder die Anwesenheit eines ausgebildeten Therapiehunds wirkungsvoll, weil sie im Kontakt innerlich und äußerlich in Bewegung kommen und sich angenommen fühlen.

5. Traurigkeit

Trost-Taschentücher bemalen

Lernziel: Trost finden und andere trösten

Bildungsbereiche: Kreativität und Fantasie – Feinmotorik und Geschicklichkeit – Sprache

Gruppengröße: Kleingruppe

Aktion: Besorgen Sie weiße Stofftaschentücher und Stoffmalfarben. Nachdem jedes Kind ein Stofftaschentuch mit einem schönen Motiv bemalt hat, werden die fertigen Trost-Taschentücher (Farben durch Aufbügeln fixieren) in einer schönen Schachtel aufbewahrt und kommen zum Trösten und Tränentrocknen zum Einsatz.

Reflexion: Jeder ist mal traurig. Sprechen Sie mit den Kindern über Trennungsschmerz in der Eingewöhnungsphase, Tod eines geliebten Menschen oder Haustiers, Umzug eines Freundes, Streit usw. Wie fühlen sich Trost und Mitgefühl an?

Ausblick und Planung: Philosophieren Sie mit den Kindern über Sorgensprichwörter, z. B.: „Auf Regen folgt Sonnenschein", „Ein Lächeln am Morgen vertreibt Kummer und Sorgen", Die Kinder gestalten ein „Sorgenkissen" mit jeweils einer Regen- und/Sonnenseite (trauriges und lachendes Gesicht).

5. Traurigkeit

Kuschelraum

Lernziel: Bedürfnisse und Gefühle wahrnehmen zur Prävention von Traurigkeit und Depression

Bildungsbereiche: Körper- und Sinneswahrnehmung – seelische Gesundheitsprävention

Gruppengröße: Kleingruppe

Aktion: Gestalten Sie einen Kuschelraum: Zelt mit Decken und Kuscheltieren, Taststraße aus weichen Materialien, Hängematte zum Träumen etc. Eine Duftlampe mit natürlichem Lavendelöl und Entspannungsmusik schaffen eine ruhige Atmosphäre.

Reflexion: Sprechen Sie mit den Kindern regelmäßig über ihre Bedürfnisse, um die Gefühlsregulation zu unterstützen. Wie geht es mir gerade? Welches Gefühl zeigt sich? Brauche ich Ruhe oder Bewegung? Wie hoch ist mein Kuschelbedürfnis?

Ausblick und Planung: Beschäftigen Sie sich an einem Elternabend mit elementaren Bedürfnissen. Besonders Kinder benötigen ausreichend Schlaf, Nahrung, Körperkontakt, Entspannung und Ruhe zur seelischen Gesundheitsprävention.

5. Traurigkeit

Gefühle-Farben-Fest*

Lernziel: Traurigen Gefühlen Raum geben, sie nicht verdrängen

Bildungsbereiche: Sprache und Literacy – sozial-emotionale Entwicklung – Feste und Feiern

Gruppengröße: Kleingruppe

Aktion: Planen und gestalten Sie mit den Kindern einen Stilleraum: Welche Farbe hat Traurigkeit? Grau, Weiß, Schwarz?

- Legen Sie in die Kreismitte ein schwarzes Tuch, ein graues Windlicht, eine brennende Kerze.
- Lesen Sie das Märchen „Die Sterntaler" vor.

Reflexion: Sprechen Sie mit den Kindern über ihre Gefühle beim Vorlesen: Was hat mich traurig gestimmt? Basteln Sie für jedes traurige Gefühl einen goldenen Stern, den die Kinder zu ruhiger Musik um das Windlicht legen können.

Ausblick und Planung: An dem Gefühle-Farben-Fest den Stilleraum präsentieren und ein Schattenspiel aus kleinen Szenen (z. B. Sterne/Blätter, die vom Himmel fallen) vor einem beleuchteten Vorhang zu Musik zeigen.

* (Gefühle-Farben-Fest siehe auch S. 31, S. 43 u. S. 55)

6. Abschluss

Gefühle-Theater „Im Farbenland"*

Lernziel: Die Basisgefühle – Freude, Angst, Wut, Traurigkeit – abschließend zusammen erleben

Bildungsbereiche: Sprache und Literacy – Selbst- und Fremdwahrnehmung – Körpergefühl

Gruppengröße: Klein- und Großgruppe

Aktion: Lesen Sie den Kindern „Im Farbenland" vor und verteilen Sie auf dem Boden farbige Decken. Beim zweiten Vorlesen stellen sich die Kinder für jedes Haus auf die entsprechende Farbdecke und stellen das Gefühl dar. Ein Kind spielt das Chamäleon, wählt ein Kind pro Decke aus und imitiert seinen individuellen Ausdruck. Für die grüne Decke entwickeln die Kinder eigene Entspannungsideen.

Reflexion: Sprechen Sie über Mimik und Gestik bei jedem Basisgefühl. Wann seid ihr lustig, traurig, wütend, ängstlich? Welches Gefühl gefällt dem Chamäleon am besten?

Ausblick und Planung: Interessierte Kinder fertigen mithilfe eines Sachbuchs einen Steckbrief über das Chamäleon an. Warum wechselt es in der Natur seine Farbe?

* (Gefühle-Theater „Im Farbenland" siehe S. 79)

6. Abschluss

Gefühle-Theater „Im Farbenland"*

Lernziel: Eigene Ideen für kleine Dialoge, für Musik- und Liedbeiträge entwickeln

Bildungsbereiche: Kreativität und ästhetische Bildung – Sprache und Teamarbeit

Gruppengröße: Kleingruppe

Aktion: Die Kinder entwickeln kleine Dialoge für die Geschichte, denken über passende Musik, Instrumente im Theaterstück nach und sammeln zusammen Ideen.

Reflexion: Welche Witze erzählen sich die lustigen Menschen im gelben Haus? Wie schimpfen die wütenden Menschen im roten Haus? Was sagen die traurigen Menschen im grauen Haus? Wie äußern die Menschen im schwarzen Haus ihre Angst? Was sagt das Chamäleon im grünen Haus? Welches Lied könnten die lustigen, wütenden, traurigen, ängstlichen Menschen singen? Welches eignet sich als gemeinsames Abschlusslied?

Ausblick und Planung: Die gesammelten Vorschläge aus der Kleingruppe werden in der Großgruppe vorgestellt und diskutiert.

* (Gefühle-Theater siehe „Im Farbenland" S. 79)

6. Abschluss

Gefühle-Theater „Im Farbenland"*

Lernziel: Eigene kreative Ideen zum Projektabschluss beitragen

Bildungsbereiche: Kreativität und ästhetische Bildung – Teamarbeit – Feinmotorik und Geschicklichkeit

Gruppengröße: Kleingruppe

Aktion: Stellen Sie große Plakate und Kartons für das Bühnenbild zur Verfügung: Entscheiden sich die Kinder dafür, verschiedenfarbige Häuser auf Plakate zu malen und/oder große bemalte Kartons als Requisiten auf die Theaterbühne zu stellen? Räumen Sie ein großzügiges Zeitfenster für Planung und Herstellung des Bühnenbilds ein.

Reflexion: Welche Kostüme könnten die Kinder bei der Theateraufführung tragen? Wie soll das Chamäleon aussehen? Die gesammelten Vorschläge aus der Kleingruppe in der Großgruppe vorstellen und gemeinsam diskutieren.

Ausblick und Planung: Zusammen werden für die Abschlussaufführung die Rollen besetzt (Mehrfachbesetzungen in jedem Haus und für die Rolle des Chamäleons ermöglichen). Wer hat Interesse an welcher Rolle?

* (Gefühle-Theater „Im Farbenland" siehe S. 79)

6. Abschluss

Gefühle-Theater „Im Farbenland"*

Lernziel: Eigene Lernerfolge während des Gefühle-Projekts präsentieren

Bildungsbereiche: Kreativität und ästhetische Bildung – sozial-emotionale Entwicklung

Gruppengröße: Großgruppe

Aktion: Das Theaterstück vor Publikum aufführen – vor Eltern und Großeltern, Schulkindern, am Tag der offenen Tür usw. Die Aufführung zur Dokumentation des Gefühle-Projektes fotografieren (evtl. filmen). Den Kindern ein kleines Fotobuch schenken, das sie an das Gefühle-Projekt erinnert.

Reflexion: Die Kinder nach Abschluss des Gefühle-Projektes befragen: Was habe ich im Projekt Neues gelernt? Was hat mir besonderen Spaß gemacht? Wie hat die Gruppe zusammengearbeitet? Gab es Probleme? Wie haben wir die Probleme gelöst?

Ausblick und Planung: Eine Fotowand, Wandzeitung, einen Videofilm o. Ä. im Eingangsbereich der Kita für eine gewisse Zeit zur Präsentation der Ergebnisse des Gefühle-Projekts ausstellen.

* (Gefühle-Theater „Im Farbenland" siehe S. 79)

Anhang

Das Zauberpferd

Paul will heute ein Indianer sein. Er zieht das Stirnband mit den zwei weißen Federn an und schaut hinaus in den Garten. Da sieht er ein blaues Pferd über den Gartenzaun springen. Es trabt durch den Garten, genau bis vor sein Fenster. Neugierig öffnet Paul das Fenster und fragt das Zauberpferd: „Darf ich auf dir reiten?" Es nickt. Paul steigt auf seinen Rücken und krallt sich in der Mähne fest. Und schwupp! Paul ist im Zauberland – ein grünes Land, mit riesigen Blumen, die nach Popcorn duften. Das Zauberpferd trabt wild und schnell. In Pauls Bauch kribbelt es wie Brause. Plötzlich bleibt das blaue Pferd stehen. Paul sieht einen kleinen Indianer am Wegrand stehen. Dicke Tränen kullern über sein Gesicht. Paul steigt vom Pferd und führt es zu ihm. Der Junge streichelt das blaue Pferd und erzählt: „Mein Pferd ist weggelaufen. Ich finde nicht nach Hause zurück." Paul hat eine Idee: „Komm, wir reiten zusammen. Das Zauberpferd findet den Weg!" Von einem hohen Berg blicken sie hinab ins Tal. Der Indianerjunge kann wieder lachen: „Siehst du die bunten Tipis? Da ist mein Zuhause!" Der Indianerjunge ist glücklich wieder zu Hause zu sein. Und weil Paul und das blaue Pferd ihm geholfen haben, schenkt er Paul eine rote Feder aus seinem Kopfschmuck, das blaue Pferd bekommt eine Möhre. Da muss Paul auch an sein Zuhause denken, an Mama und Papa und an seine Schwester Marie. Zum Abschied schenkt Paul dem Indianerjungen eine weiße Feder. Der Indianerjunge hebt seine rechte Hand (den Zeige- und Mittelfinger aufgerichtet), das heißt: „Ich bin dein Freund!" Paul macht es ihm nach und sie schauen sich dabei in die Augen. Das Zauberpferd bringt Paul nach Hause und reitet zurück ins Zauberland. Paul sieht zu, wie es in der Ferne immer kleiner wird, bis es ganz verschwunden ist. Da hört er Mamas Stimme: „Paul, Marie, Frühstück ist fertig!" Marie schleicht sich von hinten an, rupft die rote Feder aus Pauls Federhaube und kitzelt seinen Nacken. „Wo hast du die rote Feder her?", will Marie wissen. „Aus dem Zauberland!", verrät Paul leise und lacht vor Freude.

Regina Bestle-Körfer

Spiellied: Wenn du fröhlich bist

Traditional (If You're Happy and You Know It)

Lied: Iggi Igel sucht einen Freund

Aus: Niegl, Johanna: Familie Bär; © Fidula-Verlag Holzmeister GmbH, Koblenz
Text und Melodie Johanna Niegl

Weitere Strophen funktionieren so:
Lied von Anfang an singen und dann einfach statt „Kastanie" verschiedene stachelige Dinge einsetzen, und zwar: „Kaktus", „Distel", „Tanne", „Stachelbeere", „Nadelkissen", „Der Junge mit dem Igelkopf" ... die letzte Strophe lautet so:

Kleiner Iggi Igel, musst nicht traurig sein, auch mit deinen spitzen Stacheln bleibst du nicht allein.
Die kleine hübsche Igelin piekst genau wie du.
Ein Igel ist's, ein zweiter, und du suchst nicht mehr weiter.
Was sagst du nun dazu, was sagst du nun dazu? "Juchu!"

Das Farbenland

Das Farbenland ist bunt. Dort gibt es bunte Häuser, bunte Blätter, bunte Wiesen und bunte Menschen. Im gelben Haus wohnen die lustigen Menschen. Von früh bis spät erzählen sie Witze und lachen, dass die Wände wackeln. Im roten Haus wohnen die wütenden Menschen. Von früh bis spät schimpfen sie über das Wetter, dass die Wände wackeln. Im grauen Haus wohnen die traurigen Menschen. Von früh bis spät weinen sie, weil sie ihr Geld verloren haben, dass die Wände wackeln. Im schwarzen Haus wohnen die ängstlichen Menschen. Von früh bis spät bibbern sie vor Angst, der Himmel könnte auf ihr Haus stürzen, dass die Wände wackeln. Im grünen Haus wächst ein Baum durch das Dach. Darauf lebt das grüne Chamäleon. Von früh bis spät klettert es die Äste hinauf und hinunter. Manchmal bekommt es Besuch. Dann wechselt es seine Farbe: Kommen die lustigen Menschen, wird es gelb. Kommen die wütenden Menschen, wird es rot. Kommen die traurigen Menschen, wird es grau. Kommen die ängstlichen Menschen, wird es schwarz. Im grünen Haus fühlen sich alle Menschen wohl. Hier können sie sich entspannen. Sie erzählen keine lauten Witze mehr, schimpfen nicht mehr wütend, weinen nicht mehr und bibbern nicht mehr vor Angst! Da kann sich auch das Chamäleon beruhigen und wird wieder so grün wie der grüne Baum im grünen Haus.

Regina Bestle-Körfer

Weiterführende Literatur

Bauer, Joachim: Warum ich fühle, was du fühlst. Intuitive Kommunikation und das Geheimnis der Spiegelneurone; Heyne 2006

Bestle-Körfer, Regina: Das Kindergartenentspannungsbuch; Herder 2016

Bestle-Körfer, Regina: Das Kindergartengefühlebuch; Herder 2017

Bestle-Körfer, Regina: Das Krippenkindersinnebuch; Herder 2017

Kaemper, Sonja/Westermann, Heike: Gefühle entdecken mit dem Grüffelo – 40 Projektideen für die Kita; Beltz 2014

Korte, Martin: Wie Kinder heute lernen – Was die Wissenschaft über das kindliche Gehirn weiß. Das Handbuch für den Schulerfolg; DVA Sachbuch 2009

Liebertz, Charmaine: Das Schatzbuch der Herzensbildung. Grundlagen, Methoden und Spiele zur emotionalen Intelligenz; Don Bosco 2012.

Stamer-Brandt, Petra: Projektarbeit in der Kita; Herder 2018

Textor, Martin R.: Projektarbeit im Kindergarten, in: Bostelmann, A./Textor, M. R. (Hrsg.): Das Kita-Handbuch, www.kindergartenpaedagogik.de/362.html (abgerufen am: 14.06.2018)

Autorinnenvita

Regina Bestle-Körfer ist Autorin und Diplom-Sozialpädagogin. Sie ist in einem Inklusionsbüro für schulische Angelegenheiten im Übergang Kita/Grundschule tätig, sowie in der pädagogischen Weiterbildung.